Theo von Taane

Witze rund um Tischtennis

Humor & Spaß : Neue
Tischtenniswitze, lustige Bilder und
Texte zum Lachen mit
Schmetterschlag Effekt!

Bibliografische Information der Deutschen Nationalbibliothek:
Die Deutsche Nationalbibliothek verzeichnet diese Publikation in der Deutschen Nationalbibliografie; detaillierte bibliografische Daten sind im Internet über http://dnb.dnb.de abrufbar.

© 2014 Theo von Taane; 1. Auflage

Texte und Illustrationen: **Theo von Taane**

Herstellung und Verlag: BoD – Books on Demand, Norderstedt

ISBN: 9783734731648

Witze rund um Tischtennis

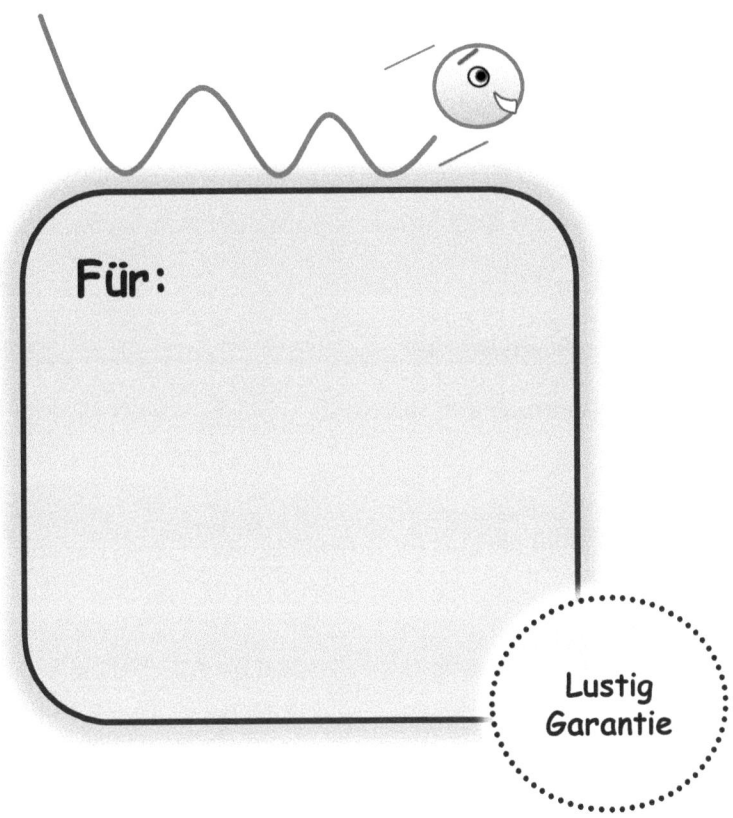

Für:

Lustig
Garantie

Inhaltsverzeichnis Seite

1. Im Tischtennismatch

Schmetterball in der Seniorenmannschaft

Zwei alte Herren unterhalten sich nach ihrem Tischtennisspiel. Sagt der eine:

„Hast du meinen Schmetterball gesehen, das war ein Schlag wie in jungen Jahren." Darauf der andere: „Na ja, aber den Herzkaspar hatte dein Gegner schon bekommen noch bevor du ausgeholt hattest."

Helikopter Flugstunde

„Also Herr Schmidt, wie oft muss ich Ihnen noch sagen, dass nur die mit einem Kreis umschlossenen Hs Landeplätze für Helikopter darstellen. Die Fläche zwischen den beiden Steintischtennisplatten gehört definitiv nicht dazu. Bitte starten sie den Helikopter wieder, ich mag es auch nicht, wenn wütende Tischtennisspieler Bälle und Tischtenniskellen an unser Cockpit schmeißen."

Tischtennis draußen gespielt

Aufgrund des schönes Wetters wird das Freundschaftsmatch zweier Tischtennisvereine unter freiem Himmel ausgetragen. Ab und zu weht eine kleine Böe die zwischenzeitlich etwas Sand auf den Boden geweht hat. Während des Spiels sagt der Trainer zum Spieler: „Hallo Peter du hast ja ganz schön deinen weißen Sportdress eingesaut. Lass mich raten: Unter Berücksichtigung der Tatsache dass wir hoffnungslos zurückliegen und bei dem Grad deines Engagements heute kann es sich entweder nur um Sand vom Ausruhen auf dem Boden handeln oder schlicht und einfach um Flugrost."

Taschenlampe

> Wenn du mich noch einmal schlägst, hole ich meinen großen Bruder, der bereits um die Ecke wartet.

Das Team infernale

Während der Halbzeit der Trainer seinen Spielern: „Also ihr müsst euch nun langsam mal entscheiden, welchen Karriereweg ihr einschlagen wollt. Entweder das weltbeste Slapstick-Kabarett Ensemble werden oder die Gewinner dieses Spiels. Beides gleichzeitig geht nicht."

No Name

Auf den Hund gekommen!

„Hallo Herr Meyer, dass sie ihren Hund mit zum Tischtennisspiel nehmen ist grundsätzlich in Ordnung, aber dass er bei jedem Seitenwechsel immer die andere Seite des Tischtennistisches neu markiert geht nun wirklich zu weit."

Zukunftspläne

Spielverlust

„Hallo Herr Meyer, sagen sie mal weshalb kniet denn unser Trainer auf dem Hallenboden und schaut permanent nach unten?" Meyer:
„Er sucht das Körnchen Glück, dass ihm fehlte um das letzte Tischtennisspiel zu gewinnen."

Erfrischung

„Ich muss schon sagen, sehr erfrischend wie unser Mannschaftsneuzugang spielt. Nein, nicht was sie jetzt denken, sondern er sorgt als Luftnummer durch seine unkoordinierten Bewegungen immer wieder für frische Verwirbelungen mit kühlendem Luftstrom."

Autopilot

Schnelligkeit

„Mensch ihr Sohn hat ja eine tierische Geschwindigkeit beim Schmettern drauf, vergleichbar mit....wie heißt noch einmal das Tier mit dem Panzer auf dem Rücken?"

Ballaufbewahrung

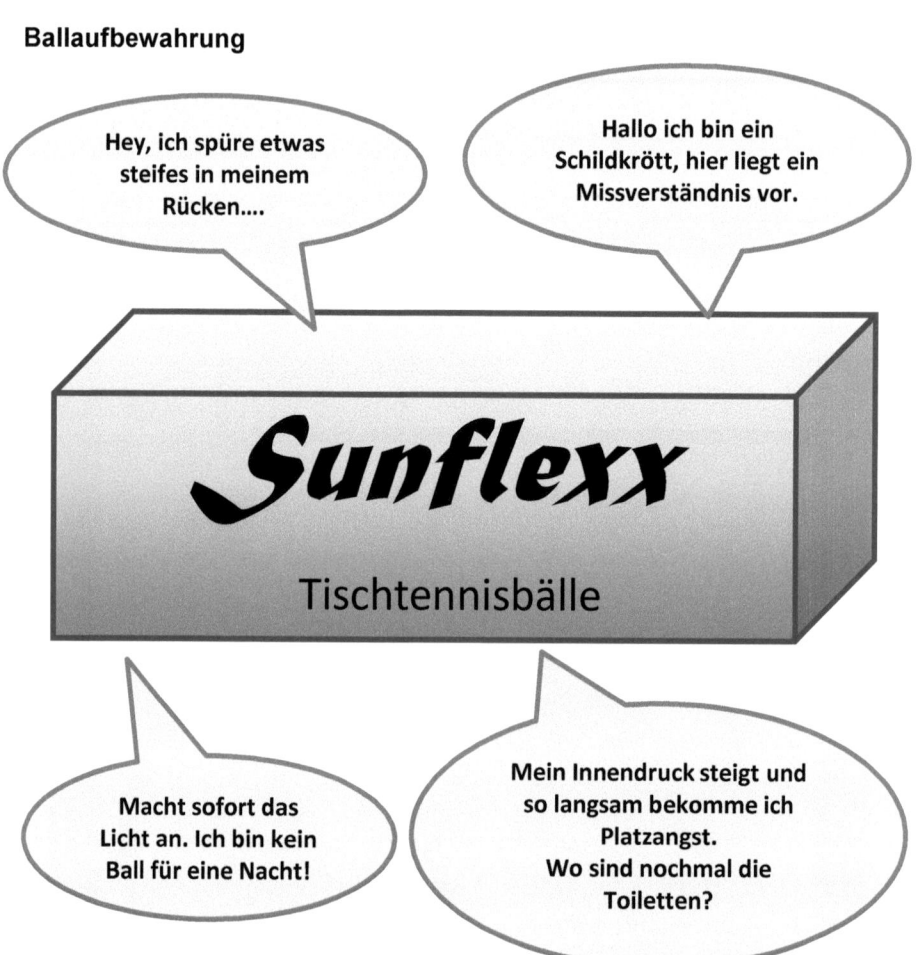

Tischtennisväter

Zwei Tischtennisväter beobachten das Trainingsspiel ihrer Söhne in der U10 auf sandigen Untergrund im Freien auf Steintischtennisplatten sagt der eine:

„Also wenn man ihren Sohn auf dem sandigen Boden so spielen sieht, merkt man schon dass er in seinem Element ist."

„Wie meinen sie das?"

„Na, das mit dem Sand und dem Schlafen kennt er ja schon recht gut vom Sandmännchen her."

Schmetterball

„Wow, das war wirklich ein bombastischer Schmetterschlag. So etwas habe ich noch nie gesehen. Dieses Abheben wie in Zeitlupe und dann diese abrupte harte Landung mit nahezu ganzer Körperfläche auf der eigenen Tischhälfte.

Ich sag es ja immer, besser man macht einen Doppelknoten in seine Schnürsenkel."

Mobilfunk

„Hallo Herr Meyer wissen sie warum uns der Trainer zuruft, wir sollen unsere handys und smartphones ausschalten?" Meyer:

„Na offenbar möchte den aktuellen Höhenflug der Mannschaft nicht gefährden und durch das Mobilfunkverbot den typischen Absturz in den letzten 5 Punkten des Matches vermeiden."

Der Tischtennis Nerd

Saisonvorbereitung

Clubmitglied zum Platzwart:
„Das hatten wir ja noch nie. So viele Clubmitglieder in unseren Clubräumlichkeiten, die freiwillig helfen durch Aufräumen die Saison vorzubereiten. Toll diese Moral." Platzwart:
„Ja unglaublich wie die Nachricht um eine gefundene historische Goldmünze im Clubraum die Moral verändern kann, selbst wenn es sich um meine eigene handelt, die ich verloren hatte, aber das will ja keiner hören."

Verfolgung

Psychologie

Trainer zu seinem Team nach dem Verbandsspiel in den Räumen des anderen Vereins:

„Um euren Gegner schlagen zu können solltet ihr ihn auch psychologisch gut einschätzen können. Wenn ihr z.B. merkt, dass er wütend ist und jeden Ball mit großer Wucht schlagen möchte, dann spielt mehr kurze Bälle mit starken Unterschnitt, die verzieht er dann mit dem nächsten Schlag garantiert ins Aus oder ins Netz. Hier zum Beispiel, nehmen wir diesen Spieler dort drüben in der Seniorenmannschaft, wie würdet ihr seine psychologische Verfassung einschätzen?" Darauf eines der Teammitglieder:

„Stark übernächtigt, Trinkerseele, humpelt leicht durch Knieverletzung, hat also Null Kondition und Beweglichkeit. Bei diesem Spieler reicht es, den Ball einfach links und rechts zu verteilen." Trainer:

„Das ist ja toll analysiert, woraus entnehmen sie denn die ganzen Details?" Teammitglied: „Na ich werde ja wohl meinen eigenen Onkel kennen."

Indianer

„Sag mal Peter, wer ist denn dieser komisch gekleidete Kauz da drüben der aussieht wie ein Ureinwohner aus der Südsee?" Peter:
„Ach den, den hat unser Vorstand speziell für die Ligaspiele eingekauft."
„Kann der denn so gut Tischtennis spielen?"
„Das nicht, aber sofern wir bei entscheidenden Spielen zu verlieren drohen, beginnt er mit seinen Verfluchungen der Gegner mit seiner Voodoo Puppe."

Erste Tischtenniserfahrungen

Der kleine Paul war das erste Mal auf einem Tischtennisplatz und hat seinen Vater beim Tischtennisspielen zugeschaut. Anschließend prahlte er:
„Mein Vater ist der beste Tischtennisspieler auf der Welt. Er hat die meisten Bälle in das Netz schlagen können."

Spatzen

Sitzen zwei Spatzen auf einem Fenstersims und schauen bei einem Tischtennisspiel zu, sagt der eine: „Mann, diese Kondition, das geht jetzt schon fast anderthalb Stunden so." Sagt der andere: „Ja, das hätte ich Paul auch nicht zugetraut, der hat nach dem ganzen Draufgekloppe schon gar keine Federn mehr."

Ansprache

Nach dem Tischtennisspiel spricht der Clubvorstand vor versammelter Mannschaft: „Wir haben zwar heute nicht gewonnen, aber nach dieser Vorstellung bin ich schon froh, dass keiner bei dem Versuch den Ball zu schlagen gestolpert und tödlich aufgeschlagen ist.

Geduld

Zwei Clubmitglieder schauen sich ein Tischtennisspiel an, sagt der eine:

„Warum sitzt denn Rüdiger immer noch auf der Bank statt weiterzuspielen?"
Darauf der andere:

„Na weil ihm der Trainer gesagt hat er soll auf den richtigen Augenblick zum Angriff warten."

Andacht

„Sag mal warum steht denn die ganze Mannschaft schweigend vor dem Tischtennistisch mit gefalteten Händen und gesenkten Kopf?"

„Na weil wir uns dort im letzten Ranglistenspiel den entscheidenden Punkt gegen den Klassenerhalt eingefangen haben und diesem nun die letzte Ehre erweisen."

„Und warum stehen dann alle Spieler der Mannschaft da und nicht nur diejenigen die es verschuldet haben?"

„Die anderen stellen den Vollzug sicher.

Dirty Talking

Versprechen

„Sag mal, wieso trägt die Mannschaft beim Spielen jetzt ihre Sachen falsch herum, also das, was normalerweise innen ist, nach außen?"

„Na beim letzten Ligaspiel hatte sie so schlecht gespielt, dass die ganze Mannschaft versprach ihre Spielweise umzukrempeln."

„Ja schon, aber dass alle ihre Unterhose umgedreht nach außen tragen finde ich jetzt schon ein wenig geschmacklos."

Verabredung

Anton und Peter trainieren außerhalb des regulären Trainings Angriffsbälle, da klingelt das Handy von Anton. Anton nimmt ab und nach einer Weile sagt er zu Peter:

„Meine Frau hat gerade angerufen und mir gesagt, dass sie heute Abend erst sehr spät nach Hause kommen wird." Peter:

„Ja und?" Anton:
„Na sie weiß nichts von unserem Herrenabend heute und hat gesagt, dass sie mit dir den ganzen abend eine wichtige Präsentation für morgen vorbereiten muss."

Torjagd

Treibsand

„Warum stellt der Trainer vor den Tischtennisplatten ein Schild mit der Aufschrift ‚Achtung Treibsand, betreten verboten' auf und weshalb stehen die Mannschaftsspieler daneben und schauen gebannt zu?"

„Die Spieler sind unsere Nummer 1 Mannschaft bei den Junioren und der Trainer kann sich das schlechte Abschneiden der Mannschaft nur noch dadurch erklären, dass der Untergrund des Platzes auf dem die Tischtennistische stehen aus Treibsand besteht."

„Das verstehe ich nicht."

„Na der Trainer hat so intensiv mit den Spielern taktisch gute Spielzüge und an der Technik gearbeitet, dass als einzige Erklärung nur noch Treibsand in Frage kommt, der im Tischtennisspiel alle guten Schüsse und eintrainierten Taktiken unserer Mannschaft rückstandslos verschluckt haben muss."

Tischtennisbälle

Unterhalten sich zwei Tischtennisbälle, sagt der eine:

„Also ich mach das nicht mehr lange mit, andauernd werde ich geschlagen, meine Hülle ist schon ganz zerbeult, meine Aufschrift kaum noch zu lesen und nach einem Spiel im Außenbereich bin ich immer voller Matsch."

Darauf der andere:

„Ja was hast du denn erwartet von deinem Job als Ball im Tischtennis?"

Darauf der andere:

„Das ich geschlagen werde, halte ich schon aus, aber beworben hatte ich mich als Matchball und nicht Matschball. Weißt du was, langsam glaube ich, dass ich das Opfer einer Verwechselung bin..."

Smalltalk

Zwei Tischtennisbälle liegen in einem Behälter gedrängt nebeneinander, sagt der eine:

„Ja wie siehst du denn aus? Du hast so viele beulen auf deiner Haut und auch einen kleinen Riss und ich habe gehört dass du auch nicht mehr so kontrolliert vom Tisch abspringen kannst. Was ist denn los? Darauf der andere:

„Na ja gestern im Match wurde mir bei einem Topspin Schmetterschlag durch die extreme Drehung so übel, dass ich doch tatsächlich mit meinem Po neben der Tischkante im Aus aufgekommen bin. Dann erfolgte eine beschämende Diskussion ob ich nicht doch noch vorher die Tischkante zart berührt hatte und als wenn das nicht genug wäre, wurde mir auch noch vorgeworfen, ich hätte nicht mehr genügend Spannkraft in meiner Hülle. Da ich nicht nachgab, nahm mich der Verlierer des Matches nach dem Spiel einfach mit und ich wurde mehrere Stunden lang zur Bestrafung gegen die hochgeklappte Tischtennisplatte gehauen bis mir endgültig die Puste ausging.

Ich kann gesundheitlich nicht riskieren, nochmals so behandelt zu werden. Ich werde alles hinter mir lassen und woanders neu anfangen."

„Und was willst du machen?"

„Deshalb habe mich ja in den Kofferraum des Trainerautos eingecheckt und warte auf die Abfahrt."

„Na, daraus wird wohl nichts."

„Wieso?"

„Weil dies hier nicht der Autokofferraum des Trainers ist, sondern der Behälter des Shredders im Clubbüro."

Tierisch

Eine Ziege und ein Esel spielen Tischtennis. Nach einem harten Schlag des Esels landet der Ball auf einem der beiden Hörner der Ziege und wird aufgespießt. Sagt der Esel: „Macht nichts, das hätte mir auch passieren können."

Pfeifenschicksal

Na du alte Pfeife!

Hüpfende Bälle
„Die schönsten hüpfenden Bälle gab es heute im Frauentischtennis bei Sabine zu sehen."

Netzspiel
„Den aktivsten Part in eurem Tischtennisspiel heute hatte das Netz auf eurer Seite.

Irre

Treffen sich zwei Irre zum Tischtennis spielen, sagt der eine:

„Ach verdammt wir können nicht spielen."

Sagt der andere: „Warum nicht, was ist denn los?"

Darauf wieder der andere: „Wir haben die Würfel vergessen."

GPS

„Hallo Klaus, weißt du warum mehrere Spieler andächtig mit abgenommenen Mützen vor dem Eingang der Tischtennishalle stehen?"

Klaus: „Da nach den GPS-Koordinaten des neuen billig Smartphones von Frank, sich genau dort die heilige Anlage des Petersdom in Rom befinden müsste."

Freizeittischtennis

Wussten sie schon, dass Freizeittischtennis unter Tischtennisprofis keine Verbreitung findet?

Ersatzbälle

Peter ist ein guter Tischtennisspieler, aber neigt zu Wutausbrüchen auf dem Platz. Der Vater hat ihm gerade zwei neue Tischtennisschläger gekauft. Er kommt auf Peter zu, übergibt ihm einen der beiden Schläger, nimmt ein Hammer und haut kräftig auf den anderen Schläger ein bis dieser völlig kaputt ist. Peter ist ziemlich verdutzt und fragt seinen Vater warum er das gemacht hat. Darauf antwortet der Vater, dass er gleich den einen Schläger zerstört hat, damit er wie beim letzten Tischtennisspiel seinen Schläger nicht wieder vor Wut kaputthauen muss und sich nun wieder vollkommen auf das Tischtennisspielen konzentrieren kann.

Traditionelles Treffen

Die drei Familienväter Paul, Frank und Peter spielen jeden Sonntag früh zusammen Tischtennis. Diesen Sonntag ist Ostersonntag und alle sind überrascht, dass es trotz Familienzwang jeden gelungen ist, zum Treffen zu kommen.

Paul: „Ich habe meiner Frau einen teuren Wellness-Gutschein geschenkt."

Frank: „Meine Frau hat von mir einen silbernen Anhänger bekommen, den sie schon immer haben wollte."

Peter: „Ich habe gestern Abend ausgiebig Knoblauch gegessen und bereits heute früh um sechs stand wie von Zauberhand meine Trainingstasche direkt neben der Tür fertig gepackt zum Abmarsch bereit."

Hammerhart!

Wussten sie schon dass unter ‚hammerharten' Spielen keine Filme mit sexuell anrüchigen Spielszenen zu verstehen sind, auch wenn manche Tischtennisspiele der nackte Wahnsinn sind?

Fürsorge

Das Tischtennisspiel hat gerade begonnen. Plötzlich spricht einer der Spieler zu seinem Gegenspieler der anderen Mannschaft während er noch gebannt aus dem großen Panoramafenster schaut: „Schauen Sie mal den Krankenwagen, der kommt sicher wegen der hochschwangeren Frau dort drüben. Na, hoffentlich ist noch nicht die Fruchtblase geplatzt." Darauf macht der andere mit seinen Armen ausladende Winkbewegungen, um dem Krankenwagen aus der Entfernung zu signalisieren, wo er am besten halten kann.

Dann geht das Spiel weiter. Nach dem Spiel meint noch der eine Tischtennisspieler: „Das war wirklich nett von Ihnen dem Krankenwagen zu helfen, schneller einen Halteplatz zu finden." Darauf der Spieler der anderen Mannschaft: „Ja selbstverständlich, immerhin handelt es sich bei der Schwangeren um meine Frau."

Auf den Hund gekommen

Zwei Tischtennisspieler aus verschiedenen Mannschaften trainieren an diesem Wochenende zusammen. Der eine hat einen kleinen Hund dabei und jedes mal wenn sein Herrchen seinen Aufschlagsspiel gewinnt macht dieser ein kleines Wuff und wenn er einen Satz gewinnt sogar einen kleinen Salto. Meint der Freund: „Und was macht er wenn Du das Match verlierst?". Darauf der andere: „Dann fängt er an zu fliegen." Freund: „Das ist ja phänomenal. Wie weit denn?". Darauf wieder der andere: „Je nachdem wie gut ich ihn mit meinem Schläger auf seinen Allerwertesten treffe."

Arzt

Beim Frauentischtennis. In der Halbzeit bemerkt eine der Damen dass der begehrte Dr. Frank zugeschaut hat und fragt ihn: „Hallo Herr Doktor wie finden sie mein Tischtennisspiel?" Darauf der Doktor: „Aber meine Teuerste, sie wissen doch als Arzt unterliege ich der Schweigepflicht."

Angeber

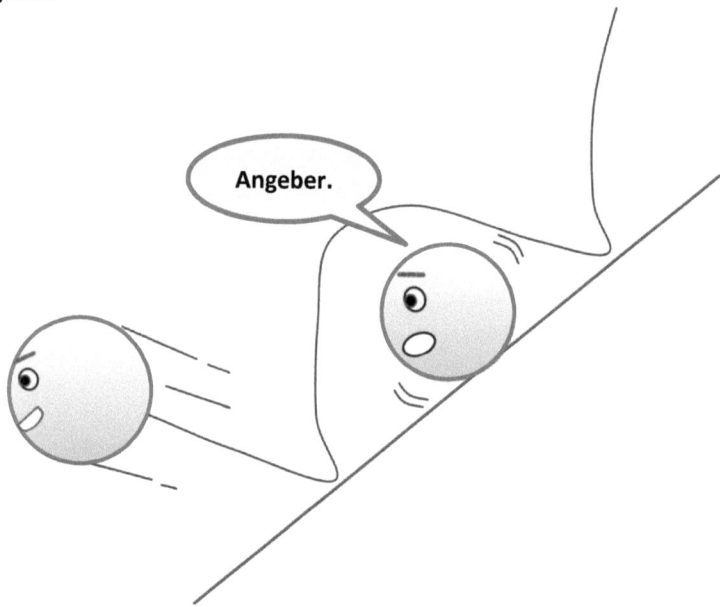

Einfach irre

Zwei Irre spielen Tischtennis, wundert sich der eine, dass der Tischtennis nicht passt, sagt der: „Das ist wirklich das Komische an Tischtennis." Fragt der andere: „was denn?"
„Na, die verkaufen Bälle, die keinen Filz haben und dann kann man sie noch nicht mal so weit schlagen, dass sie übers Netz kommen."

Aufschlag

Kindergeld

Wussten sie schon, dass Tischtennisprofis trotz kindischen Verhaltens kein Kindergeld für ihre Knallschoten beantragen dürfen?

2. Im Verein

Toilettengang

Ein Tischtennisspieler möchte nach dem Hallenspiel in einem Sportcenter auf die Toilette gehen. Da diese zu klein ist, um seine riesige Sporttasche mitzunehmen, muss er sie vor der Tür stehen lassen. Damit sie keiner mitnimmt schreibt er auf einen Zettel: „Wer es wagt, die Tasche wegzunehmen bekommt von mir einen harten Schmetterschlag wie vom besten Tischtennisspieler Deutschlands.". Er legt den Zettel auf die Tasche und geht dann auf die Toilette. Als er wieder raus kommt ist die Tasche weg und findet statt dessen einen Zettel auf dem Boden liegend auf dem steht: „Bei so einem harten Schlag erwarte auch kein Rückspiel."

Mannschaftsessen

Wussten sie schon, dass das traditionelle Mannschaftsessen nach einem Ligamatch kulturell unterschiedlich verstanden werden kann, so verstehen beispielsweise Kannibalen etwas völlig anderes hierunter als in unseren Breitengraden.

Gerüchte

„Weißt du schon das Neueste?"

„Nein, was denn?"

„Peter Maier unserem Vorstand geht es momentan nicht gut, ein dutzend Gläubiger sind hinter ihm her, ihm steht das Wasser bis zum Hals."

„Ja das habe ich auch gehört und morgen will er untertauchen."

Moderne Sportanlage

„Also Herr Schulz die neu Clubräume sind wirklich toll, eine richtige Augenweide. Und diese moderne Inneneinrichtung ist schon sehr schick. Am beeindruckendsten finde ich allerdings dieses imposante 3-D Tischtennisbild, man könnte fast den Eindruck bekommen die Spieler bewegen sich." Darauf Herr Schulz:

„Ihr Eindruck stimmt, allerdings ist dies kein 3-D Bild sondern das Panoramafenster, das hinaus auf einen der Nebenräume zeigt, in welchem gerade unsere Seniorenmannschaft spielt, und die sind immerhin im Schnitt schon über 80 Jahre alt."

Garderobenhaken

Kurz vor den Verbandsspielen wurde noch die Clubräume renoviert und unter anderem wurde über fünf Garderobenhaken ein Schild angebracht mit der Aufschrift „Nur für die 1. Herrenmannschaft". Später in der Saison, nachdem die 1.Herrenmannschaft auch noch das letzte Verbandsspiel verloren hatte, klebte plötzlich am nächsten Tag ein Sticker darunter: „Auch für Kleidung und Taschen verwendbar".

Bewerbung

Eine junge gutaussehende Frau betritt das Sekretariat des Tischtennisclubs zwecks Bewerbungsgesprächs als neue Sekretärin. Zufällig hält sich der Trainer der Damenmannschaft im Büro auf und sortiert gerade die neu angekommenen Probeschläge, als die junge Frau den Raum betritt. Die junge Frau:

„Guten Tag, ich bin Frau Müller die Neue, erinnern sie sich an unser Telefonat?" Trainer:

„Das ist ja super, wir brauchen dringend eine Verstärkung in unserem Team, aber sagen sie mal kommen sie zufällig auch mit einer XXL-Griffstärke zurecht?"

Die junge Frau errötend:

„Das kann ich nicht sagen, mit so starken Stücken hatte ich es bislang noch nicht zu tun."

Zukunftspläne

Tragende Rolle

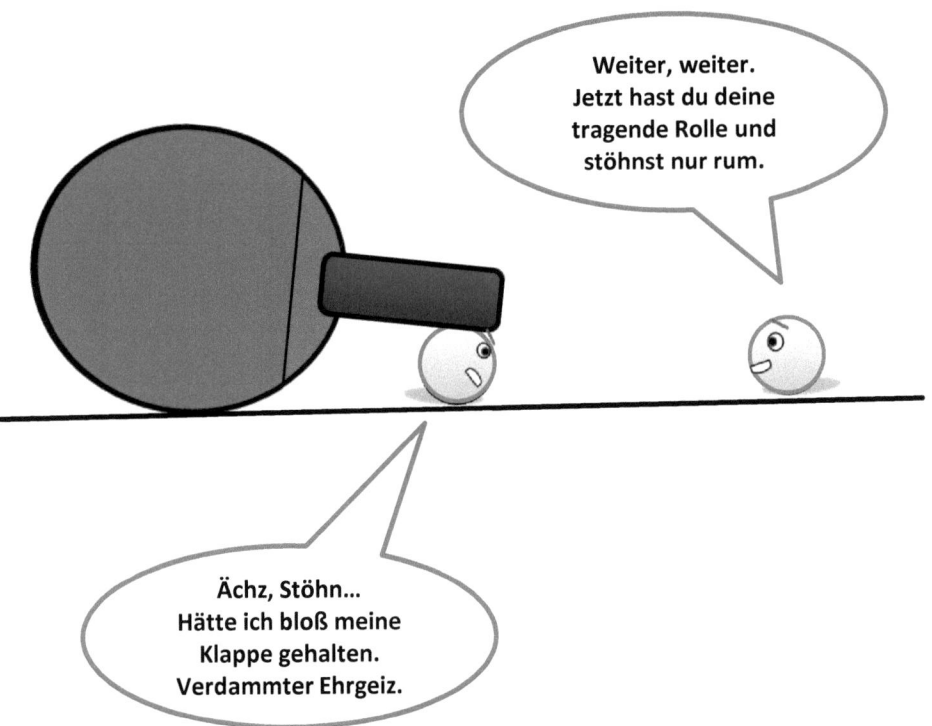

3. Fitness und Techniktipps

Angabe

Schaffen sie mehr Sicherheit für ihre Angabe durch Schlagen des Aufschlages mit zwei Händen am Schlägergriff. Es werden ihnen außerdem die erstaunten Blicke der Zuschauer ganz gewiss sein.

Die Balance behalten

Behalten sie insbesondere beim Zurückspielen von kurzen Bällen die Balance, indem sie stets den passiven Arm waagerecht ausgestreckt vom Körper halten. Lassen sie sich nicht beirren durch die vielen kurzen Bälle, die ihr Gegner jetzt spielen wird, gemessen in einer Lifetime Scorecard werden sie langfristig die Nase vorne haben* (*statistisch nicht berücksichtigt Gegner die mindestens genauso alt oder älter werden als sie).

Schmetterball

Holen sie mehr Power aus ihrem Schmetterball durch drehen einer Luftpirouette. Kanalisieren sie die Ausschwungbewegung nach Treffen des Balles im sogenannten Pirouettensmash mit voller Körperdrehung. Achtung! Achten sie auf ein gutes Aufwärmtraining, um Verrenkungen bereits im Vorfeld auszuschließen.

Bälle mit Unterschnitt

Kontrollieren sie die saubere Ausführung ihres unterschnittenen Rückhandballes durch Loslassen ihres Tischtennisschlägers beim Ausschwung. Segelt ihr Schläger direkt an die Netzkante war der Unterschnitt gut. Halten sie während eines Matches genügend Ersatzschläger bereit.

Kondition

Mehr Ausdauer durch mentale Suggestion. Stellen sie sich einfach vor sie bewegen sich die ganze Zeit während des Matches Berg ab und ihre Gegner dagegen Berg auf. Suggerieren sie sich in der zweiten Stufe dann mentale Siebenmeilenstiefel. Sie werden sehen, mit ihrer neu gewonnenen mental geerdeten Kondition werden sie Berge versetzen.

Konzentration

Es ist wissenschaftlich erwiesen dass ein Sekundenschlaf eine enorm erfrischende Wirkung in kurzer Zeit erzielen kann. Daher rät der Profi bei lang anhaltenden Ballwechseln direkt nach einem Schlag mal die Augen für ein paar Sekunden zu schließen. Der Erholungseffekt nach Wiederöffnen wird enorm sein. Sie werden weniger Druck verspüren und gehen erfrischt in den nächsten Ballwechsel. Und je mehr sie diese Technik in einem Tischtennismatch anwenden desto entspannter können sie spielen, bis hin zu einem souveränen Spielverlust mit Wohlfühlgarantie.

Hand

Spielern mit zwei linken Händen wird dringend von rechtshändig gespielten Bällen abgeraten.

Spieltaktik

Verwandeln sie als Gast das Tischtennisspiel im Freien in ihren Heimvorteil. Bestehen sie darauf bei Regen weiterzuspielen, denn durch die vielen Tränen und Schweiß die bei den unendlichen Trainingseinheiten aufgrund des hohen Grades an Untalentiertheit geflossen sind, weiß ihr Team am besten wie man sich auf rutschigem Untergrund bewegt.

Griffband

Seniorenteam

Unterhalten sich zwei Tischtennisspieler, sagt der eine:

„Schau dir mal die Spieler der Seniorenmannschaft des gegnerischen Vereins an, sehen ziemlich grottig aus." Sagt er andere:

„Ach so, und ich dachte schon der Friedhof um die Ecke hätte heute Wandertag."

4. Gesundheit, Pflege & Mode

Besuch beim Psychiater

Kommt ein Tischtennisball zum Psychiater und sagt: "Also ich versuche wirklich, meinem Leben einen Sinn zu geben und bleibende Abdrücke zu hinterlassen, aber nach jedem Auftrumpfen werde ich sofort wieder zurückgeschlagen."

Fremdgehen

Unterhalten sich zwei Tischtennisspieler, sagt der eine:

„Hast du schon das Neueste gehört?"

„Nein, was denn?"

„Eine Frau wurde von ihrem Mann beim Fremdgehen erwischt. Aus Wut hat er diese solange mit Tischtennisbällen beschmissen, bis sie in die Notaufnahme eingeliefert werden musste."

„Auweia, und welche Ballmarke hat er verwendet?"

Beim Arzt

Ein Mann beim Arzt. Nachdem dieser alle Untersuchungen abgeschlossen hat, schaut er mit ernster Miene zum Patienten und sagt: „Ich rate Ihnen dringend sofort mit dem Tischtennisspielen aufzuhören.". Patient: „Ach Herrje, Herr Doktor steht es so schlimm um mich?". Arzt: "Das nicht, aber ihre Spielergebnisse lassen keine andere Diagnose zu."

Tischtennisbälle

Frank hat heute mit seiner breitbeinigen Art zu laufen gezeigt, dass es neben dem gefürchteten Tennisarm nun auch die Kategorie der dicken Tischtennisbälle gibt.

Modern Look

Unterhalten sich zwei Frauen im Restaurant beim Tischtennisclub, sagt die eine:

„Ja du hast recht dieser schäbige vintage–look ist wieder in, aber die anderen tragen mit Label und du nicht."

Jobrotation

Zeit

Frank und Peter unterhalten sich nach ihrem Tischtennismatch.

Frank: „Und Peter, wie lange spielst du schon Tischtennis?"

Peter: „Seit ungefähr fünf Jahren."

Frank: „Das ist eine lange Zeit, kein Wunder dass du so müde aussiehst."

Umschulung

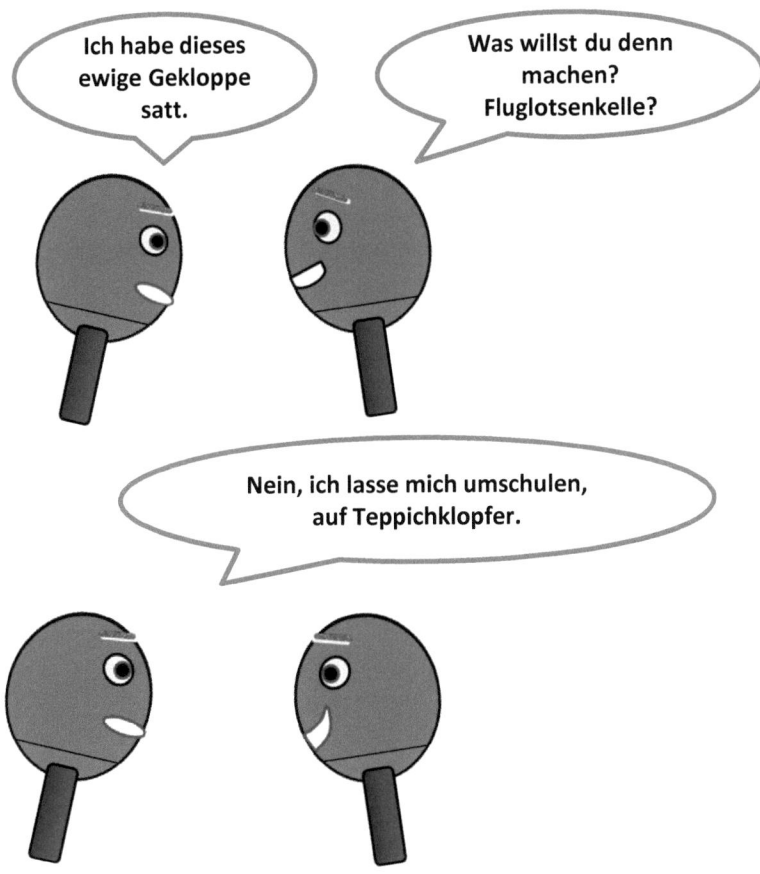

Outfit

„Hallo Tina, schön dass es heute mit unserer Verabredung zum Kaffeerinken auf der Terrasse des Clubraums geklappt hat."

„Wie findest du eigentlich mein neues Outfit, das mir mein Mann letzte Woche gekauft hat?"

„Ja richtig, dass ist wirklich schade, dass ihr euch noch immer nicht versöhnt habt."

Neues Outfit

Unterhalten sich zwei junge Tischtennisspielerinnen, sagt die eine: „Also immer, wenn ich ein neues Sportoutfit trage gehe ich mir gleich das nächste anschaffen." Darauf die andere: „Also bei mir ist das genau umgekehrt."

Handverletzung

Tischtennisspieler kommt mit stark bandagierter Hand und humpelnd in den Clubraum. Darauf ein Clubmitglied:

„Übertrainiert?". Darauf der Tischtennisspieler:

„Nein, beim Ausruhen vom Sofa gefallen."

Nichts

Creme and run

„Wow Frank, deine Kondition ist einfach fantastisch. Und du hast auch ordentlich abgenommen, mindestens 10 kilo. Wie schafft man das in nur zwei Wochen?" Frank:

„Das habe ich dem neuen Fitness- und Trainingsprogramm ‚Creme and run' zu verdanken." Darauf der andere:

„Creme and run? Was ist das denn?" Frank:

„Na ja, bevor man zum Spielen in die Halle geht reibt man sich die Waden mit Speck ein und wenn dann das Training beginnt nimmt der Trainer seinen ausgehungerten Terrier von der Leine."

.

5. Schiedsrichter

Faul

Unterhalten sich zwei Zuschauer eines Tischtennismatches, fragt der eine:

„Warum ruft denn der Schiedsrichter permanent Faul?" Darauf der andere:

„Der eine Spieler läuft nicht besonders viel und der Schiedsrichter ist von Beruf Lehrer und kann offenbar auch in seiner Freizeit nicht abschalten."

Umorientierung

„Vielleicht sollte einer mal dem Ersatzschiedsrichter sagen, dass wir hier nicht beim Tennis sondern beim Tischtennisspiel sind." Darauf der andere: „Wieso?" Darauf wieder der andere: „Na hör mal, es gibt beim Tischtennis keinen 1. und 2. Aufschlag, und jedes mal ‚1st Serve, quiet please' zu rufen, wenn einer der Spieler einen Aufschlag machen möchte geht nun gar nicht."

Schiedsrichter

Im Tischtennisspiel. Bei Aufschlagwechsel geht einer der Spieler kurz auf den Schiedsrichter zu und drückt ihm einen Euro in die Hand. Schiedsrichter:

„Wie soll ich das denn bitte verstehen?" Spieler:

„Naja, ich dachte mir dass es sehr anstrengend für sie sein muss mehrere Stunden hier auszuharren. Das müssen sie sich doch nicht antun als 1 Euro Jobber. Jetzt haben sie den Euro und können gehen wohin sie wollen."

Massage

Ahhhh.....
Roll bitte weiterhin auch
schön am Rand entlang,
da juckt es am meisten.

Schiedsrichter

„Es ist toll wenn ein Schiedsrichter seine Aufgabe sehr genau nimmt, aber mit dem extra engagierten Pfadfinder als Unterstützung zur rekonstruktiven Ablaufanalyse der Abdrücke mit Wärmekamera ist er nun wirklich über das Ziel hinausgeschossen."

Richterkollegen

Unterhalten sich zwei Richterkollegen, sagt der eine:
„Also ich finde ja die klare Linie, die Kollege Meyer in seiner Urteilsfindung verfolgt, schon prima.". Darauf der andere:
„Na ja, aber jeden Fall immer nur mit ,in' oder ,out' zu bewerten...da merkt man dann schon seine Vergangenheit als Schiedsrichter im Ballsport."

Haarpflege

Seit ich Schaumar nehme fühlt sich mein Leder viel weicher an.

Fußfehler

Dein Schlag kann ich nicht akzeptieren. Klarer Fall von Fußfehler.

Wie, was heißt Fußfehler?

Na, ich bin heute mit dem falschen Fuß aufgestanden.

6. Trainer & Training

Ballschicksale

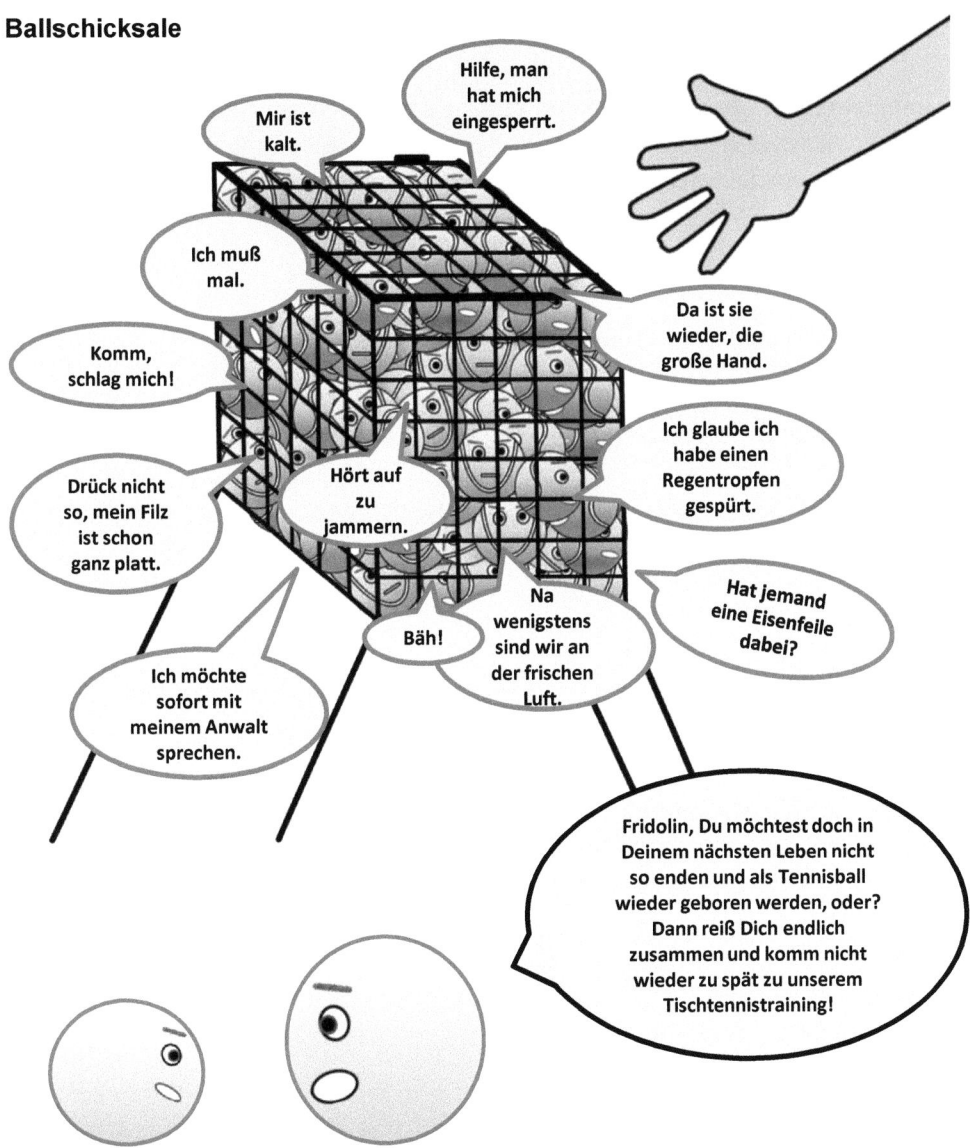

Zaungäste

Spricht der Tischtennisprofi zu einem Zuschauer während des Trainings:

„Seit zwei Stunden stehen sie nun schon da und schauen mir dabei zu wie ich versuche, meine Schlagtechnik zu verbessern. Wie wäre es, wenn sie versuchen würden, selbst mal zu spielen?" Darauf der Zuschauer:

„Nein danke, dazu bin ich viel zu ungeduldig."

Taxi Shuttle

Nach dem Tischtennisspiel kommt der Trainer zur Mannschaft, welche gerade verloren hat und sagt: „Ich habe euch einen Shuttlebus direkt vor dem Eingang der Anlage bestellt, es wird in 4 Stunden da sein, d.h. ihr musst sofort losgehen um noch rechtzeitig da zu sein."

Ausbildung

Im Ausbildungslehrgang für angehende Tischtennistrainer. Ausbilder: „So nun habt ihr fast alles gelernt bis auf eine ganz wichtige Sache, die für den Erhalt eures Trainervertrages bzw. Kontingentes von großer Bedeutung ist. Bitte setzt jetzt alle eine ernste Miene auf und sprecht mir nach: Du bist ein echtes Talent. Aus dir kann mal was ganz großes im Tischtennis werden."

Tischtenniscrack

Der Lehrer unterhält sich mit Peter: „Und Peter was machst du so in deiner Freizeit?" Peter: „Ich spiele intensiv Tischtennis. Letzte Woche habe ich sogar ein internationales Jugendturnier gewonnen und bin dadurch mit der Mannschaft unter die Top 3 in Europa hochgerutscht."

Lehrer: „Aber Peter, das wusste ich ja gar nicht. Das könnte natürlich deine schlechten Noten in der Schule erklären. Du wirst ja wahrscheinlich jeden Tag trainieren müssen und hast dann kaum noch Zeit für die Hausaufgaben."

Peter: „Ja genauso ist es. Aber wenn es zu viel wird, dann zieht meine Mutter schon mal den Stecker aus dem PC."

Wertvolle Tipps

In der Halbzeit spricht der Trainer zur Mannschaft welche gerade hinten liegt: „So und nun macht ihr mal was ganz Verrücktes."

Spieler: „Was denn?"

Coach: „Trefft den Ball."

Letzte Worte

Die letzten Worte eines Tischtennistrainers:

„So und nun alle Schläger zu mir..."

Federball

Clubtrainerin

Die Clubtrainerin, welche einen riesen Busen hat sucht neue Übungsleiter zur Verstärkung des Trainerteams. Auf die Anzeige hin melden sich drei junge Männer. Nach dem Vorspielen ruft sie den ersten Kandidaten in das Clubbüro und stellt dann dem Bewerber einige Fragen. Zum Gesprächsabschluss stellt sie noch die Folgende:

„Fällt Ihnen irgendetwas Besonderes an mir auf?" Darauf der junge Mann:

„Sie haben einen monströsen Busen." Trainerin:

„So eine Frechheit, verschwinden sie sofort!". Dann ruft sie den Zweiten herein und auch ihm stellt sie am Ende des Gespräches die Frage:

„Fällt Ihnen irgendetwas Besonderes an mir auf?". Der junge Mann:

„Sie haben einen monströsen Busen." Clubtrainerin:

„Verlassen sie sofort das Büro!". Dann kommt der dritte Proband ins Büro und am Ende kommt wieder die Frage:

„Fällt Ihnen irgendetwas Besonderes an mir auf?". Darauf der junge Mann:

„Sie tragen einen wirklich bemerkenswerten Gürtel." Darauf die Trainerin erleichtert und ein bisschen geschmeichelt:

„Finden sie dass er mir steht?" Junge Mann:

"Nein, das nicht, aber ohne dessen Halt würde ihr monströser Busen glatt auf den Boden klatschen."

Götterdämmerung

Unterhalten sich zwei Clubmitglieder, sagt der eine:
„Achtung in der Halle geht gleich die Vorstellung los." Darauf der andere
„Wie, was denn für eine Vorstellung?"
„Na die Götterdämmerung." Darauf der andere:
„Ich versteh nur Bahnhof, ich sehe nur den Trainer mit Peter, die gerade ihr Training starten." „Na eben, der kapiert doch schon zum x-ten mal nicht die neue Schlagtechnik und nach spätestens 15 min hörst du wiederholt den Trainer brüllen: ‚Mein Gott, wann dämmert bei dir denn endlich die Technik!"

Spüren

Halbstarke

Amateur Tischtennis

„Herr Pauli ich weiß dass sie als Buchhalter sehr genau sein müssen, aber wenn ich ihnen zurufe dass sie den Ball ins Feld bringen sollen, dann natürlich nicht persönlich hergetragen und mit der seitlichen Positionierung ist auch nicht das Stellen neben dem Tischtennisplatz gemeint."

Mystisch

„Nein Herr Schulz wir sind eine seriöse Tischtennisschule und arbeiten weder mit Woodoo-Puppen oder Beschwörungen und wir verstehen auch unter hoch gespielten Bällen keine bei Vollmond verfluchten Mondbälle, um das nächste Spiel zu gewinnen."

Gang nach Kanossa

Der Spieler kurz vor dem Spiel: „Der Weg von den Umkleideräumen zu der Tischtennishalle ist aber lang in diesem Verein und dann immer durch diese vielen Türen, das ist echt mühselig." Darauf der Trainer:
„Keine Sorge der Rückweg wird einfacher." Spieler:
„Wieso?" Trainer:
„Na mit deiner Einstellung wird dich unser Gegner heute so platt machen, dass ich dich nachher beim Rückweg problemlos unter den Türen durchschieben kann."

Brille

Na, hat dein Golfspieler wieder seine Brille vergessen?

100 Prozent

Nach dem Match kommt der Trainer zu seinen Spielern und sagt:
„Ihr habt heute alle Punkte gemacht."
Spieler: „Wieso wir haben doch glatt verloren."
Trainer verärgert: „Ja deswegen ja."

Jonglieren

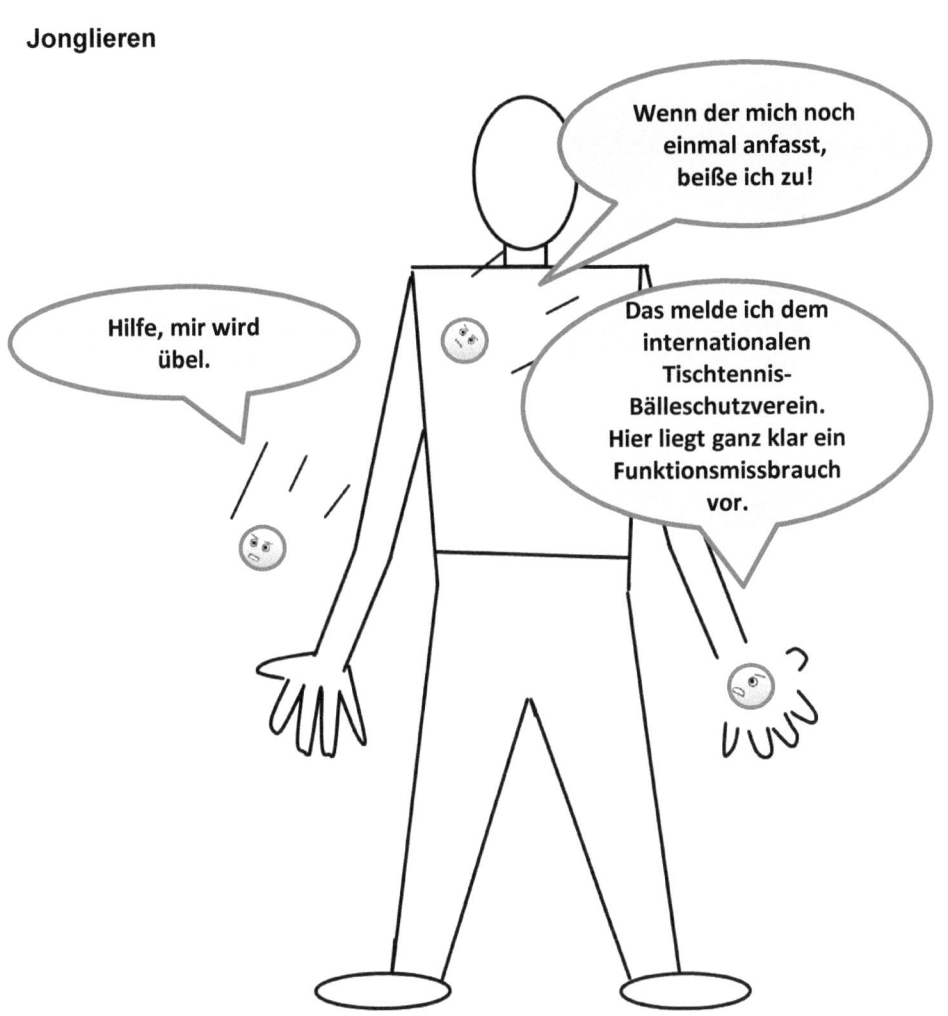

Auf der Tribüne

Auf der Zuschauertribüne während eines Tischtennisspiels dreht sich eine Zuschauerin, die einen sehr ausladenden Hut trägt, zu ihrem Hintermann um und fragt: „Stört sie mein Hut beim Zuschauen?" Darauf der Mann:

„Nein überhaupt nicht und wenn sie sich wieder nach vorne drehen würden, dann könnte ich auch wieder mein Bier drauf abstellen."

Neuzugang

Und Du meinst unser Neuzugang ist nicht regelwidrig?

Ach, das merkt doch gar keiner

7. In der Tischtennishalle

Allgemeinwissen

Spricht ein Journalist im Interview zum Tischtennisprofi: „Man sagt ja durch das viele Training leidet das Allgemeinwissen bei den Profis, da keine Zeit zum Lernen übrig bleibt." Darauf der Profi: „Nein, das kann ich so nicht bestätigen." Darauf wieder der Journalist: „Na gut, dann beantworten sie mir bitte die folgende Frage: Wo liegt Russland?" Darauf der Tischtennisprofi:

„Na, weit kann es nicht sein, da unser Trainer Struganoff jeden Tag zu Fuß zum Training kommt."

Karrierehilfe

Fragt der Journalist den erfolgreichen Tischtennisprofi: „Und sie haben ihre Karriere ganz alleine ohne Hilfe geschafft?" Darauf der Tischtennisprofi:

„Das kann man so nicht sagen. Es gab da immer diese runden weißen kleinen Plastikbälle die ich zum Sieg gebraucht hatte."

Hilfestellung

Nach dem Tischtennisspiel humpelt ein älterer Zuschauer gestützt auf zwei Krücken zur Nr. 1 der Verlierermannschaft, reicht ihm eine der Krücken und sagt: „Die brauchen sie dringender als ich."

Zuschauer

Im Zuschauerbereich des Tischtennishalle. Kurz nachdem die Namen der beiden Mannschaften genannt wurden, steht einer der Zuschauer abrupt auf und schickt sich an zu gehen, da fragt ihn sein Sitznachbar: „Wo wollen Sie denn jetzt noch hin, das Spiel beginnt doch jeden Moment." Sagt der andere:

„Habe ich letztes Jahr schon gesehen".

Auge

Nach Ende des Matches reibt sich einer der Spieler beim Verlassen des Spielfeldes intensiv die Augen, fragt ein Zuschauer:

„Das war also der Grund warum ihre Mannschaft verloren haben, sie hatten Probleme mit den Augen und waren dadurch gehandicaped?" Darauf der Spieler:

„Nein, Schlaf im Auge."

Suche

Bei einem Tischtennismatch ertönt folgende Hallendurchsage:

„Achtung liebe Gäste, der kleine Peter ist verloren gegangen. Er trägt kurze Hosen und ein blaues Hemd. Falls ihn jemand sieht oder er selbst diese Durchsage hört, bitte umgehend beim Hallenwart melden….(für einen kurzen Moment nur dumpfes Gemurmel zu hören)…und mir wurde gerade noch mitgeteilt, dass sich Peter auch auf dem Parkplatz aufhalten könnte, er fährt einen blauen Mercedes mit dem Kennzeichen B-WU3578."

8. Verrückte Berufe

➔ Gehegereiniger bei Puma

➔ Streifenzähler bei Adiddas

➔ Fallensteller für wegrollende Bälle

➔ Zwerg-Cheerleader unterm Tischtennistisch

➔ Organisator von Bandenwerbung bei der Rockerbande

➔ Platzwart bei Mario Tischtennis

➔ Noppen Egalisierer bei Butterfly

➔ Fliegender Torwart im Tischtennis Doppel

➔ Linienrichter bei table tennis online

➔ Balljunge in der Damendusche

➔ Bällepolierer bei Schildkröt

Neue Jobs braucht das Tischtennis

Die Spielervereinigung hat beschlossen mehr Arbeitsplätze bei den Tischtennisturnieren zu schaffen, um den Komfort für die Spieler zu erhöhen. Nun gibt es:

- Frischwind Zufächler

- Staub von Schuhsohlen Puster

- Schweiß Abtupfer

- T-Shirt in die Hose Stopfer

- Bälle feucht Abwischer

- Schlaf aus Augen Reiber

Darüber hinaus wird der flankierende Einsatz von Mäusen zur beschleunigten Apportation von wegrollenden Bällen diskutiert.

Holzarbeiten

Wussten sie schon dass Bretter vor dem Kopf nicht nur die Sicht auf den Tischtennistisch einschränken, sondern auch Zaungäste provozieren können?

Unerklärlich

Weitere Traumjobs aus der Tischtennisbranche…

→ Strickmuster-Designer für Tischtennisnetze

→ Hersteller von TT-Kellen für die Suppenküche

→ Bälleflicker im Tischtennis Trainingscamp

→ Playback Stöhner bei Punktverlust

→ Punktezüchter in der Bundesliga

→ Griffband-Bodenturner in der Tischtennishalle

→ Natürliches Schlaghindernis bei Schmetterbällen

→ Statist in der Damenumkleidekabine

→ Seiltänzer auf den Tischaußenkanten

→ Doppelpartner bei Single Matches

→ Kreisspieler auf der Mittellinie

9. Clubtätigkeiten

(und wie sie **nicht** vergeben werden sollten)

Hallenwart: Tunichgut mit Schnarchzapfen Diplom

Schiedsrichter: Hans-guck-in-die-Luft

Clubsekretariat: Gewitterziegen mit Schreckschraubenappeal

Clubtrainer: Luftgitarrist

Trainingsteam: In Schießbudenfiguren konvertierte HB-Männchen

Vorstand: Jammerlappen

Finanzen: Raffzähne und falsche Fünfziger

Koch Clubrestaurant: Spaghettisultan

Betreiber Club Shop: Marktschreier mit dubioser Im- und Export Expertise

Oberschiedsrichter: Perückenschaf mit Schlafkappenattitüde

Organisator Events: Fatalisten

Clubkommunikation: Quatschköpfe mit großem Tratschmaul

Mannschaftsführer: Als Klabautermänner verkleidet Psychopaten

1. Junioren: Königsberger Klopse mit Baumschulzeugnis

1. Juniorinnen: Als Zimperliesen geoutete Milchmädchen

1. Herren:	Platzhirsche
1. Damen:	Wuchtbrummen
1. Senioren:	Tattergreise mit Zauselgarantie
1. Seniorinnen:	Schabracken mit Schrulleffekt

Sportschicksale

10. Tischtennis in 100 Jahren

→ Erklärungen/Interviews nach dem Tischtennisspiel führt eine verschwitzte Avatarversion der Tischtennisspieler.

→ Es gibt Duschen direkt auf der Spielfläche. So dass auch während des Spiels die Spieler sich durch eine schnelle Dusche erfrischen können.

→ Statt Mineralwasser gibt es eine Drogenmixtur aus Fencheltee, Cola, aufgelösten Kaffeebrühwürfeln und alter Capri Sonne.

→ Während der Autogrammstunde fährt ein rollender Drucker zwischen den Fans umher und druckt und verteilt ununterbrochen Autogrammkarten solange bis alle vergeben sind. Mehrfachverteilungen an gleiche Personen werden dabei in Kauf genommen.

→ Spieler haben Anspruch auf ein Fußbad im Rahmen des Spiels. In Zukunft steigt die Wichtigkeit des Gesundheitsaspektes enorm an und dem Fuß bekommt nun nach jahrelangen Fußtritten und Herumgetrampel endlich die Anerkennung, die er schon lange verdient hat.

→ Durch Rückenwindmaschinen gibt es einen ordentlichen Rückenwind für den, der gerade im Ballbesitz ist.

→ Ein ausdauernder Frischluftspender spendet jedem Spieler die ganze Zeit Frischluft indem er ihn das ganze Tischtennisspiel hindurch mit einer mobilen Klimaanlage hinterherläuft.

→ Schlechte Aufschläger haben nun die Möglichkeit für das entscheidende Aufschlagspiel im Rahmen eines *Outtaskings* einen guten Aufschläger zu mieten.

→ Zur Abkühlung nach dem Tischtennisspiel ist nur das Bad in der Menge oder das Bad im Ruhm des Erfolges gestattet.

→ Um weiter weg springende Bälle noch erreichen zu können, wird es die Intelligente maschinelle Armverlängerung geben, die sich automatisch über ein entsprechendes Implantat aktiviert.

→ Es wird intelligente Tischtennisbrillen geben, welche just-in-time die aktuelle Spielsituation analysieren und zielgenau Hinweise geben können wohin der nächste ball optimal zu platzieren ist und wie man sich danach positionieren muss.

→ Es wird eine in die Tischpfosten eingebaute Bar geben, welche frische Drinks zusammen mixen kann, die direkt während des Spiels konsumiert werden können.

→ Es wird eine Stöhn Maschine geben, die immer dann stöhnt, wenn es der Tischtennisspieler nach einem Punktverlust mal vergessen hat.

→ Die Tischtennistische werden in entgegengesetzter Richtung der Gastmannschaft abschüssig sein, um den Heimvorteil der Heimmannschaft wieder fair auszugleichen.

→ Tischtennisspiele werden nur noch von Robotern bestritten, menschliche Spieler sind im Vergleich einfach nicht mehr gut genug und agieren nur noch als Ballholer und Ölkannenhalter.

11. Gesucht wird ...

..ein neuer Vereinstrainer

Unser neuer Vereinstrainer muss den folgenden Anforderungen gerecht werden:

➢ Muss Tag und Nacht zur Verfügung stehen um **allen** Bedürfnissen der Clubmitglieder gerecht zu werden.

➢ Technikerausbildung gefordert zur kostenlosen Reparatur sämtlicher Geräte...von den Vereinsmitgliedern.

➢ Der Vereinstrainer ist auch der Schlüsselträger vom Isolationsraum in den Clubräumlichkeiten, um trainingsunwillige Tischtennisspieler bei Widerspruch als Strafe für gewisse Zeit wegzusperren zu können.

➢ Muss trinkfest sein, um kurz vor entscheidenden Tischtennismatchen die Spieler der Gegenmannschaft, gelockt durch Gratisdrinks unter den Tisch trinken zu können.

➢ Führen einer Hunde- und Katzenpension in der Urlaubszeit für die Tiere der Clubmitglieder.

➢ Betreiben einer Website zur Partnervermittlung um die 1.Mannschaft durch Abwechslung motiviert zu halten, natürlich erst nach persönlichen Qualitätscheck der Probanden/innen.

➢ Bei Reisen mit der 1.Mannschaft zur Saisonvorbereitung muss der Trainer vor Ort im Hotel Küchenarbeit leisten um die Reisekosten für den Verein möglichst gering zu halten.

➢ Arrangement ‚zufälliger' Unfälle für die Top Player des nächsten gegnerischen Teams.

➤ Lernen mit Elektroschocks; Fachkenntnisse als Elektriker notwendig zum fachgerechten Einbau und Wartung entsprechender Vorrichtungen in den Schlägern der Spieler inklusive zentraler Fernbedienung.

➤ Pflichtbesuch des Seminars ‚Moderne Motivations(rat)schläge ohne Narbenbildung' als Selbstzahler.

➤ Bereitschaft zeigen, sich notfalls wochenlang nicht zu waschen um die Leistung der Gegner in den Verbandsspielen durch gezieltes Stinken negativ zu beeinflussen (z.B. Zuschauen auf der Gegnerseite, Spielernähe suchen durch Stellen von dummen Fragen).

➤ Muss sowohl wüste Beschimpfungen als auch körperliche Züchtigungen der Vereins- und Teammitglieder bei verlorenen Punkten/Spielen ohne Gegenwehr hinnehmen bzw. über sich ergehen lassen. Dient damit auch positiv der Agressionsbewältigung der Spieler.

➤ Beherrschung perfekter Techniken um den Spielern übertrieben lautes Stöhnen, Brüllen, Fluchen bei verlorenen Ballbesitz beizubringen und damit zur Störung der Konzentration der Gegner im Spiel beizutragen.

..ein neuer Mannschaftsspieler

➤ Muss sexy oder absolut hässlich sein, um durch Auswahl entsprechender Kleidung, oder auch gezieltes Weglassen derselben die Spieler/innen der Gegenmannschaft aus dem Konzept zu bringen.

➤ Muss sich genau über die Spieler der gegnerischen Mannschaft informieren, um durch gezielte Gemeinheiten und treffende Beleidigungen die Gegenspieler zu verunsichern.

➤ Muss eine Woche Kellnerdienst im Clubcafe ohne Bezahlung pro verlorenen Satz ableisten.

➢ Hat schauspielerisches Können nachzuweisen. Für einen taktischen Spielabbruch sind Erfahrungen in Simulation von Herzattacken und psychopathischen Ausrastern mit massiven Bedrohungsgesten Richtung Gegenspieler erforderlich.

➢ Soll über Fähigkeiten als Entertainer bzw. auch Pausenclown verfügen zwecks Hebung der Stimmung und Moral der Mannschaft in den Pausen.

Verliebt

12.   Miniquiz

➜   Wie wird nach Ende eines Tischtennisspiels weitergespielt?

O groß   O klein
O im nächsten Absatz   O mit einem Punkt

➜   Das Tischtennisspiel ist zu Ende. Ihre Mannschaft gewinnt die **Seitenwahl**. Wofür entscheiden sie sich?

O Sonne im Rücken   O Seitenhieb
O Titelseite   O neue Gitarrenseite

➜   Wie viel wiegt ein **Führungsball**?

O 3 kg   O sehr schwer im Rückstand
O im Dunkeln gar nichts   O 10% mehr als grün

➜   Sie benötigen eine **Hammerschlagkraft**. Wo könnten sie diese finden?

O in der Werkzeugkiste   O beim Hammer Weitwurf
O beim Zeit totschlagen   O in der Schmiede

➜   Was versteht man unter einem **Satzverlust**?

O Aussage ohne Worte   O im Wortgefecht gefallene Wortgruppen
O ((best of 3)/3)-1   O Punkteverlust im 21iger Cluster

➜   Was versteht man unter **ping pong**?

O Yin und Yang des TT   O pong = 124.65.34.8   Zeit < 35 ms !
O p = k = großer dummer Affe !
O p = s = Appell zum musikalischen Erguss !

Schlagende Verbindung

Annoncen aus der Clubzeitung

- Vermiete großräumigen Hosenstall für ausgiebiges Bälletraining

- Einsamer Wanderpokal sucht zementierten Sockel zum Anlehnen

13. Zehn Anzeichen, dass sie verrückt nach Tischtennis sind

1. Die Ausrichtung ihrer Wohnung geschieht nicht nach Feng Shui sondern nach der Struktur eines Tischtennisfeldes

2. Der Handschlag erfolgt nur noch in Topspin-Griffhaltung

3. Die Rasenhöhe in ihrem Garten entspricht genau der Höhe eines Tischtennisnetzes

4. Sie genießen das Gefühl, ihren neuen Tischtennisschläger in der Hand zu halten mehr als das Händchenhalten mit ihrer Frau.

5. Sie kennen alle Spielergebnisse ihres Tischtennisvereins vom Wochenende auswendig, haben aber keine Ahnung, was gerade in der Welt vorgeht.

6. Sie finden es witzig mal etwas anderes anzuziehen als ihre Sportsachen

7. Sie finden das voll fair, dass ihr/e Partner/in fremdgeht, wenn sie dadurch mehr Freiraum fürs Tischtennisspielen bekommen.

8. Sie hören bei einem romantischen candle light dinner nur dann ihrem Gegenüber zu, wenn dieser bestimme Schlüsselworte fallen lässt, wie z.B. Topspin, Rückhand oder Aufschlagspiel.

9. In ihrem Navi ist ihr Tischtennisclub als Heimatadresse hinterlegt

10. Sie kaufen nur noch Stifte mit eingebauten Mehrwert fürs Tischtennisspielen z.B. mit Halterung für Tischtennisbälle oder zusammengerollten Ersatznetz.

14. Das wirklich Allerletzte

Jobliebe

Kultur & Tischtennis

Zwei Freunde machen einen Kombinationsurlaub ‚Kultur & Tischtennis' am Mittelmeer. Am Marktplatz im Urlaubsort erhalten sie vom Reiseleiter Instruktionen:

„Sie gehen jetzt diese Straße dort drüben lang, da werden sie auf dem Weg zur Hotelanlage auf einheimische Straßenhändler treffen, die landestypische Waren im Angebot haben und mit denen sie auch feilschen können. Weiter hinten begegnen Ihnen noch einige Straßenmusiker. Am Ende des Weges liegt die Hotelanlage mit den Tischtennisplätzen auf denen sie heute zwei Stunden kostenlos zusammen mit einem ehemaligen Tischtennisprofi trainieren dürfen."

Die beiden Freunde machen sich gleich auf den Weg und starten ihre Tour die besagte Straße entlang. Bereits nach ein paar Metern gabelt sich diese und da beide abgelenkt sind und sich bewundernd eher die hübschen Häuser mit ihrer üppigen Blumenpracht der Balkone anschauen, laufen sie statt den Weg zur Hotelanlage zu nehmen, den Weg zum Hafen herunter. Nach ein paar Minuten begegnet Ihnen ein Einheimischer der den beiden Uhrimitate und ‚etwas zu rauchen' verkaufen möchte, was beide sofort ablehnen. Daraufhin werden sie wüst beschimpft und bevor der Verkäufer verschwindet, spuckt er auch noch verachtend vor ihnen aus. Etwas geschockt und verwirrt gehen die Freunde weiter die Straße entlang, als sie plötzlich von mehreren Männern mit der Forderung nach Geld in eine dunkle Seitengasse gedrängt werden. Beiden wird ein Messer an die Kehle gehalten und zwar so stark und lebensbedrohlich, dass bereits etwas Blut den Hals der Touristen herunterläuft. Da meint der eine Freund:

„Ich glaube der Reiseleiter hat uns reingelegt, und wenn wir am Hotel sind, müssen wir bestimmt auch noch für das Tischtennistraining heute bezahlen."

Apfel

Hey Kumpel, du bist ja so still. Leidest du an Frühjahrsmüdigkeit? Oder fehlt dir nur der richtige Biss? Probiere es mal mit frischem Obst.

Luxusliner

„Also Paul ich muss schon sagen, es ist richtig cool auf dem Luxusliner Tischtennis zu spielen. Diese leichte frische Brise, der tolle Ausblick und erst der strahlend blaue Himmel, aber eine Sache ist schon lästig, alle paar Minuten die fliegenden Fische aus dem Tischtennisnetz zu puhlen die sich hier im Vorbeiflug immer wieder verfangen."

Absprung

Blind Date

Zwei Zuschauer eines Tischtennisspiels unterhalten sich, sagt der eine: „Ich glaube der linke Spieler verwechselt das Spiel mit einem blind date." Fragt der andere: „Wieso?" Darauf wieder der andere; „Na weil der wie mit Tomaten auf den Augen spielt."

Tischtennis

Filzmantel

Grundstück

Hast du schon gehört dass man jetzt Teile unserer Tischtennisplatten ideell kaufen kann? Man kann einen Namen vergeben, bekommt sogar eine Urkunde. Nette Sache als Geschenk. Und der Verein kann mit den Einnahmen die Clubräume renovieren."

„Theoretisch hast du recht. Aber es gibt hier ein paar Mitglieder die das ganze etwas zu ernst nehmen."

„Wieso?"

„Na schau doch mal die Tischtennisplatte dort drüben, hier haben sich die Müllers die rechte Seite gekauft und gleich komplett umzäunt."

Aktuelle Umfrage

‚Benötigen Tischtennisvereine mehr IT Fachexperten?'

Nein: 0%

Ja: 0

1.   If Ja <101 then Ja = Ja +1

2.   If Ja <101 then Print ‚Ja:'Ja'%'; Goto 1.

3.   end

Ja: 1%

Ja: 2%

Ja: 3%

Ja: 4%

.....

Wie uns die Umfrageergebnisse eindeutig zeigen, erfreuen sich die IT Fachleute im Tischtennisbereich einer wachsenden Beliebtheit.

Umwelt

Bitte daran denken:
Nicht mehr gebrauchte ebooks bitte fachgerecht entsorgen!

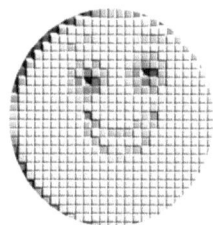

Bälletransport

Also Leute ich kann euch nur sagen, ein Glück sind wir keine Tennisbälle. Die armen Schweine werden nicht artgerecht in Massen via Netz transportiert. Ich sag es ja immer, mit Tischtennis als Sport haben wir echt Schwein gehabt.

Sportfamilie

Eine typische Sportfamilie im Tischtennis. Mutter, Vater, Kind.

Alles im Eimer

Bücher von Theo von Taane:

„Mein Schlag war nicht zu weit,
macht doch das Feld länger !"
ISBN: **9783735794604**

„80% meiner Freizeit verbringe
ich hilflos in Drehtüren!"
ISBN: **9783735758125**

ebook Spiele von Theo von Taane:

„Schnappt Ede!"
Für 2 - 4 Spieler; Alter: 6 – 99 Jahre
ISBN: **9783734721748**

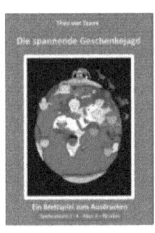

„Die spannende Geschenkejagd!"
Für 2 – 4 Spieler; Alter: 6 – 99 Jahre
ISBN: **9783734721755**

„Das Kuck-Kuck Spiel !"
Alter : 0 – 3 Jahre
ISBN: **9783734723827**

„80% meiner Freizeit verbringe
ich hilflos in Drehtüren!"
ISBN: **9783735758125**

Inhaltsverzeichnis

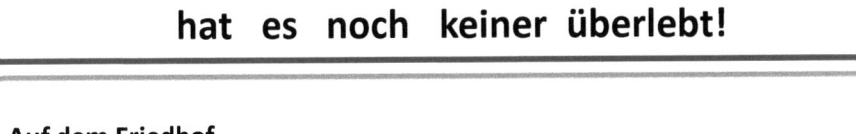

Untertagewerk – Das Leben ist hart, bisher hat es noch keiner überlebt!

Auf dem Friedhof

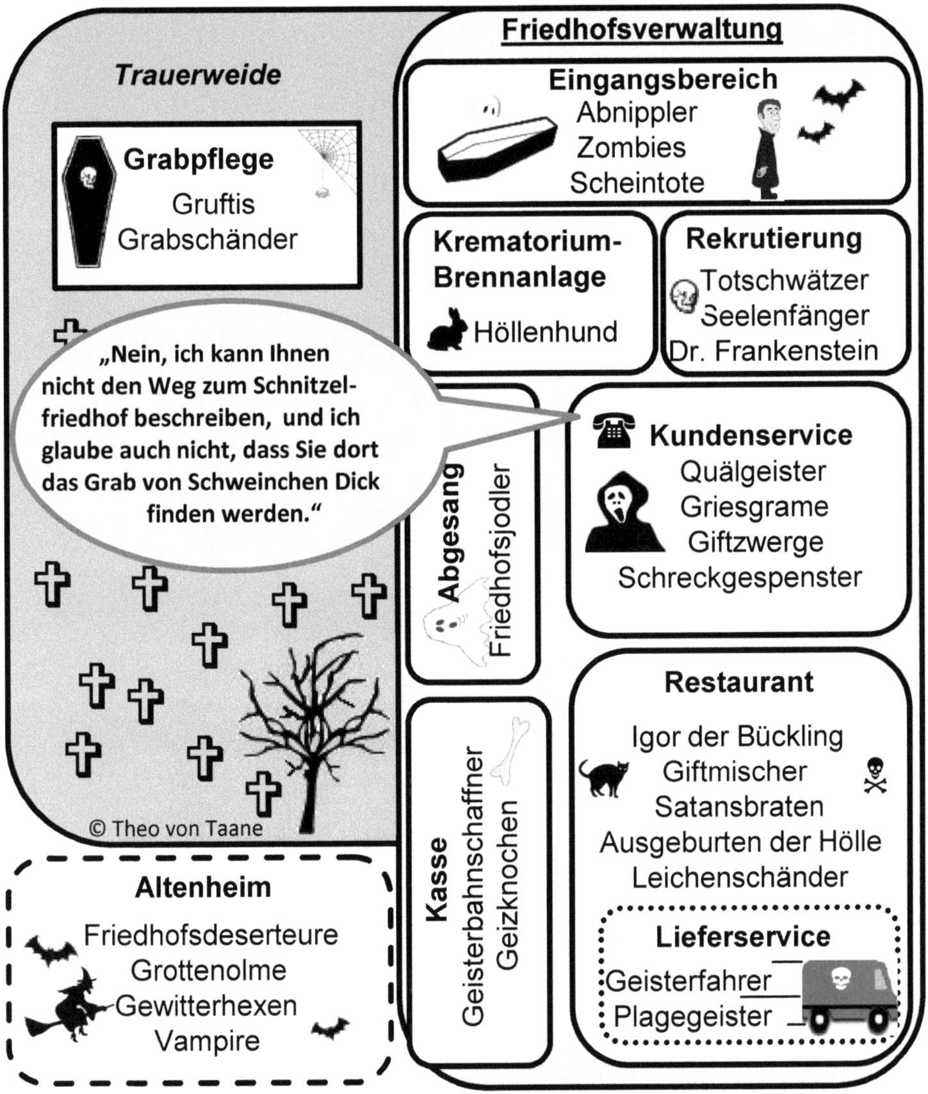

Friedhofsverwaltung

Trauerweide

Grabpflege
Gruftis
Grabschänder

Eingangsbereich
Abnippler
Zombies
Scheintote

Krematorium-Brennanlage
Höllenhund

Rekrutierung
Totschwätzer
Seelenfänger
Dr. Frankenstein

„Nein, ich kann Ihnen nicht den Weg zum Schnitzel-friedhof beschreiben, und ich glaube auch nicht, dass Sie dort das Grab von Schweinchen Dick finden werden."

Abgesang
Friedhofsjodler

Kundenservice
Quälgeister
Griesgrame
Giftzwerge
Schreckgespenster

Restaurant
Igor der Bückling
Giftmischer
Satansbraten
Ausgeburten der Hölle
Leichenschänder

© Theo von Taane

Kasse
Geisterbahnschaffner
Geizknochen

Lieferservice
Geisterfahrer
Plagegeister

Altenheim
Friedhofsdeserteure
Grottenolme
Gewitterhexen
Vampire

Im Solarium

© Theo von Taane

<u>Abhubfantasien</u> – Bergab geht's schneller als zu Fuß!

Auf dem Flughafen

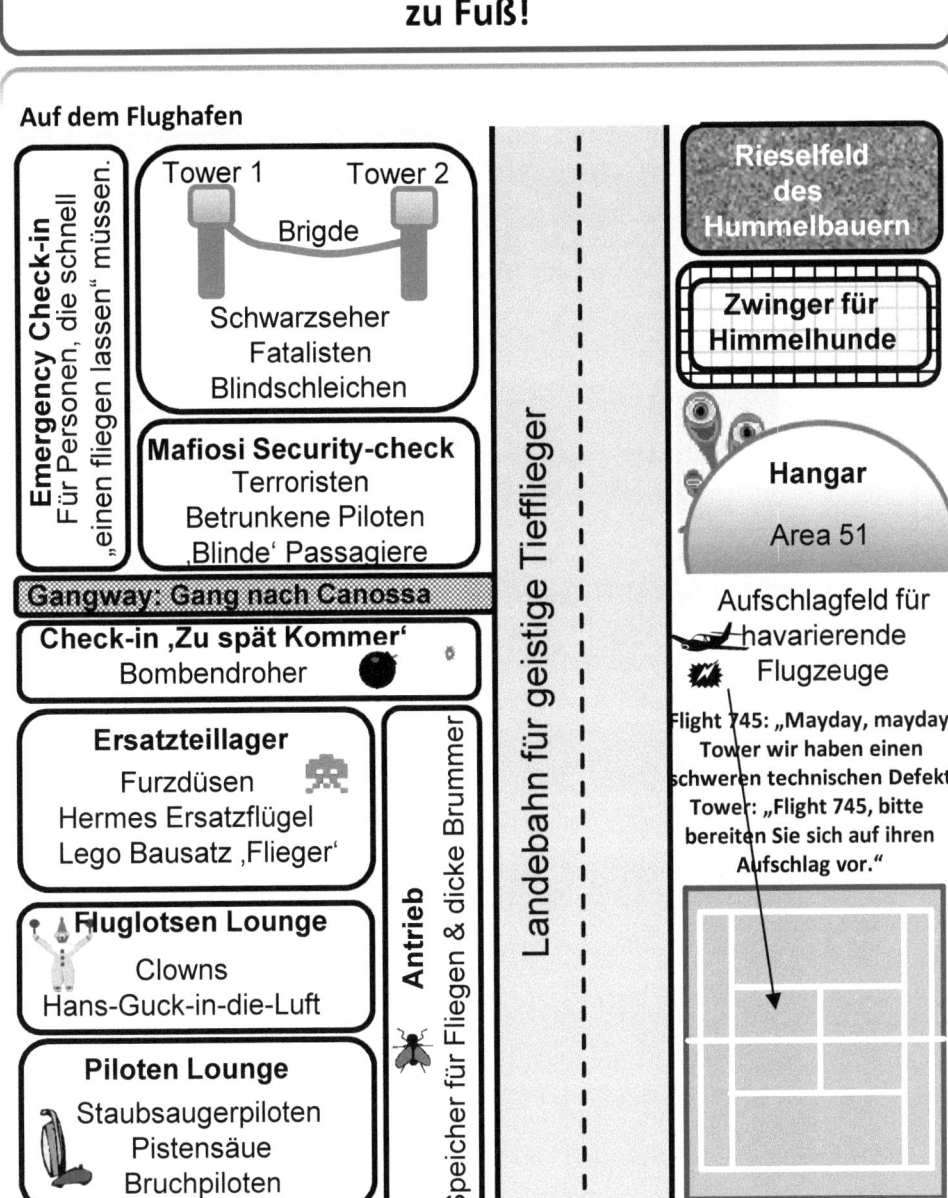

Emergency Check-in
Für Personen, die schnell „einen fliegen lassen" müssen.

Tower 1   Tower 2

Brigde

Schwarzseher
Fatalisten
Blindschleichen

Mafiosi Security-check
Terroristen
Betrunkene Piloten
‚Blinde' Passagiere

Gangway: Gang nach Canossa

Check-in ‚Zu spät Kommer'
Bombendroher

Ersatzteillager
Furzdüsen
Hermes Ersatzflügel
Lego Bausatz ‚Flieger'

Fluglotsen Lounge
Clowns
Hans-Guck-in-die-Luft

Piloten Lounge
Staubsaugerpiloten
Pistensäue
Bruchpiloten

Antrieb
Speicher für Fliegen & dicke Brummer

Landebahn für geistige Tiefflieger

Rieselfeld des Hummelbauern

Zwinger für Himmelhunde

Hangar
Area 51

Aufschlagfeld für havarierende Flugzeuge

Flight 745: „Mayday, mayday. Tower wir haben einen schweren technischen Defekt!"
Tower: „Flight 745, bitte bereiten Sie sich auf ihren Aufschlag vor."

© Theo von Taane

Notfall

Der Pilot aufgeregt an den Tower:

„Mayday, mayday. Der Motor ist ausgefallen und wir befinden uns im direkten Sinkflug! Wir werden alle sterben!!!" Darauf der Tower:

„Nur die Ruhe, Sie sehen das zu negativ." Pilot verwundert:

„Was, wieso?" Darauf wieder der Tower:

„Na, Sie wissen doch, Totgesagte leben länger."

Pilot

Kurz vor dem Abflug. Die Passagiere sitzen bereits und warten noch auf das Erscheinen des Piloten. In diesem Moment taucht dieser augenscheinlich blind, mit Hund und Blindenstock am Flugzeugeinstieg auf und entschwindet sogleich unter den erstaunten Blicken der Passagiere in das Cockpit. Ehe jemand etwas sagen kann, ist die Maschine bereits am Starten und hebt unter hysterischem Geschrei der Passagiere sauber ab. Nachdem die Maschine am Zielort ebenso wieder problemlos gelandet ist, geht einer der Passagiere zu dem Piloten, als dieser gerade die Maschine verlassen will und spricht ihn an:

„Wie haben Sie denn das schaffen können, völlig blind, die Maschine so sicher zu starten, zu fliegen und auch wieder zu landen?"

„Ach das ist nichts Besonderes, das war Teil meiner Ausbildung."

Antwortet der Hund.

************ Leseprobe Ende ***************

„80% meiner Freizeit verbringe ich hilflos in Drehtüren!"
ISBN: 9783735758125